AF189272

Impressum
Verlag: BABADADA GmbH, Nedderfeld 112 , 22529 Hamburg
Geschäftsführer / Verlagsleitung: Harald Hof
Druck: Books on Demand GmbH, In de Tarpen 42, 22848 Norderstedt

Imprint
Publisher: BABADADA GmbH, Nedderfeld 112 , 22529 Hamburg, Germany
Managing Director / Publishing direction: Harald Hof
Print: Books on Demand GmbH, In de Tarpen 42, 22848 Norderstedt, Germany

escuela

school

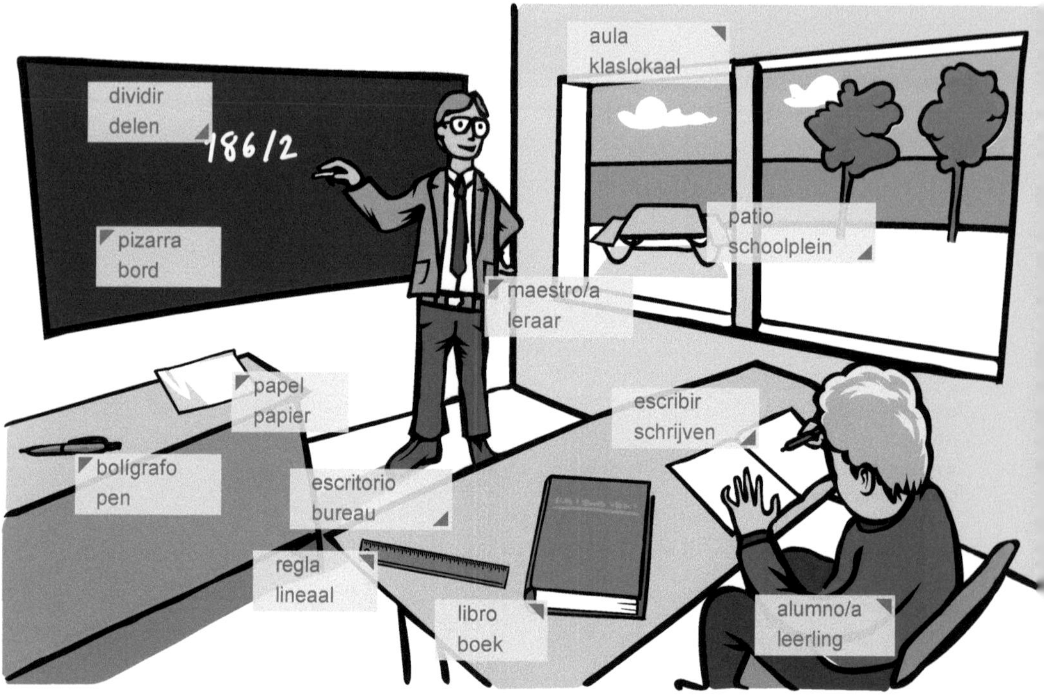
aula
klaslokaal
dividir
delen
186/2
pizarra
bord
patio
schoolplein
maestro/a
leraar
papel
papier
escribir
schrijven
bolígrafo
pen
escritorio
bureau
regla
lineaal
libro
boek
alumno/a
leerling

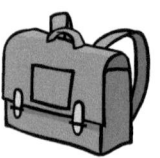

cartera
schooltas

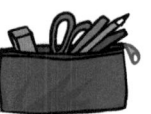

caja de lápices
etui

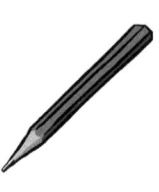

lápiz
potlood

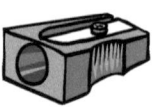

sacapuntas
puntenslijper

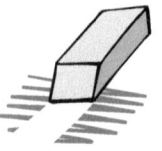

goma de borrar
gum

cuaderno de dibujo
schetsblok

dibujo
tekening

pincel
penseel

caja de pinturas
verfdoos

tijeras
schaar

pegamento
lijm

cuaderno de ejercicios
schrift

deberes
huiswerk

número
getal

2+2

sumar
optellen

5-2

restar
aftrekken

2×2

multiplicar
vermenigvuldigen

calcular
rekenen

A

letra
letter

ABCDEFG
HIJKLMN
OPQRSTU
VWXYZ

alfabeto
alfabet

hello

palabra
woord

texto

tekst

leer

lezen

tiza

krijt

lección

les

cuaderno de notas

klassenboek

examen

examen

certificado

diploma

uniforme escolar

schooluniform

educación

opleiding

enciclopedia

encyclopedie

universidad

universiteit

microscopio

microscoop

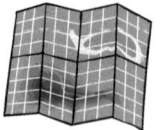

mapa

kaart

papelera

prullenmand

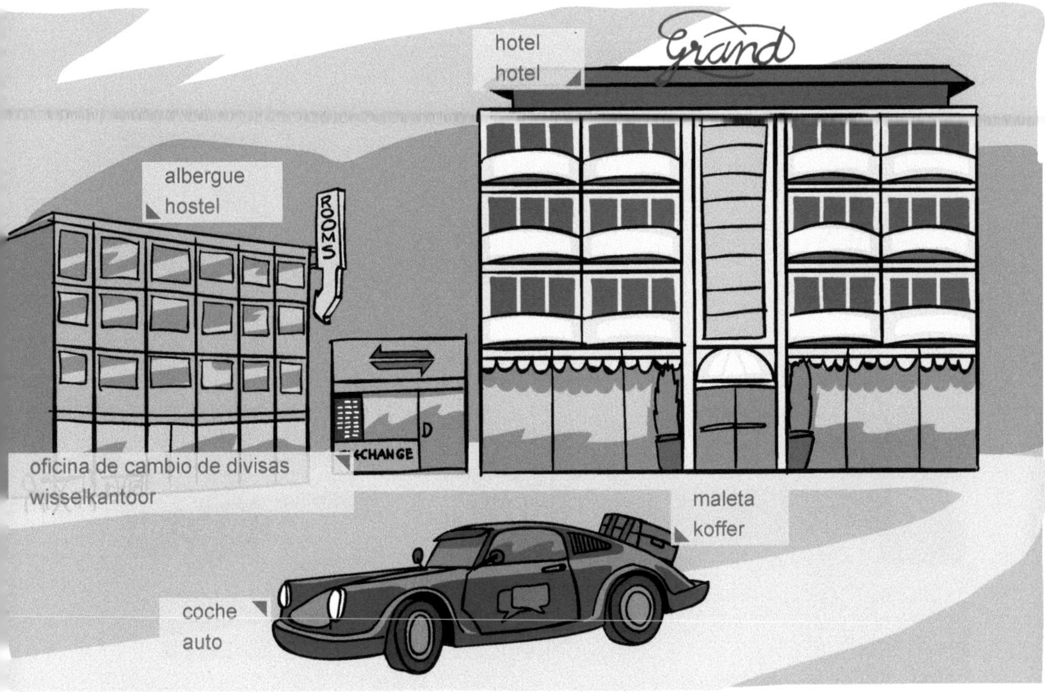

hotel
hotel
Grand
albergue
hostel
ROOMS
oficina de cambio de divisas
wisselkantoor
maleta
koffer
coche
auto

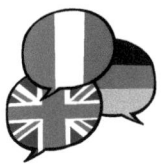

idioma

taal

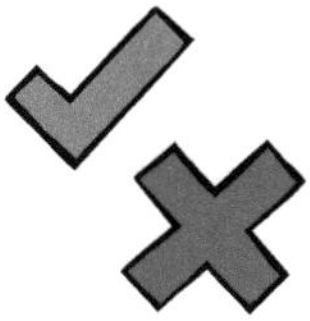

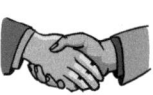

sí / no

ja / nee

Vale

oké

hola

Hallo!

traductor

tolk

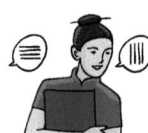

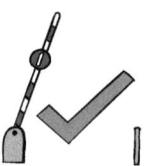

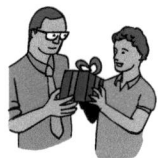

Gracias

Bedankt.

¿cuánto es...?

Wat kost ...?

No entiendo

Ik begrijp het niet.

problema

probleem

¡Buenas tardes!

Goedenavond!

¡Buenos días!

Goedemorgen!

¡Buenas noches!

Goedenacht!

adiós

Tot ziens!

dirección

richting

equipaje

bagage

bolsa

tas

mochila

rugzak

invitado

gast

habitación

kamer

saco de dormir

slaapzak

tienda de campaña

tent

información turística

VVV-kantoor

playa

strand

tarjeta de crédito

creditkaart

desayuno

ontbijt

almuerzo

lunch

cena

diner

billete

kaartje

ascensor

lift

sello

postzegel

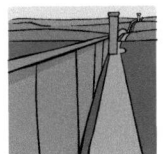

frontera

grens

aduana

douane

embajada

ambassade

visa

visum

pasaporte

paspoort

transporte
transport

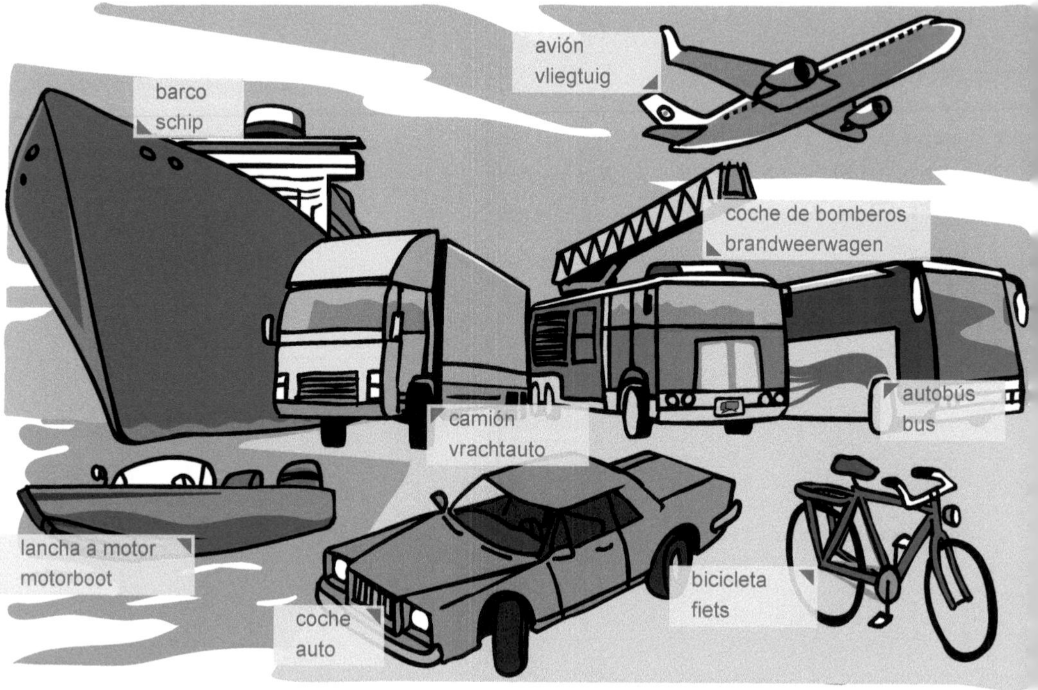

avión
vliegtuig

barco
schip

coche de bomberos
brandweerwagen

autobús
bus

camión
vrachtauto

lancha a motor
motorboot

bicicleta
fiets

coche
auto

transbordador

veerboot

barca

boot

moto

motorfiets

coche de policía

politiewagen

coche de carreras

raceauto

coche de alquiler

huurauto

préstamo de vehículos

carsharing

grúa

takelwagen

camión de la basura

vuilniswagen

motor

motor

gasolina

benzine

gasolinera

benzinepomp

señal de tráfico

verkeersbord

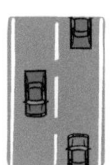

tráfico

verkeer

atasco

file

aparcamiento

parkeerplaats

estación de tren

station

vías

rails

tren

trein

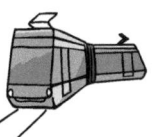

tranvía

tram

vagón

wagon

helicóptero

helikopter

aeropuerto

luchthaven

torre

toren

pasajero

passagier

contenedor

container

caja de cartón

verhuisdoos

carretilla

kar

cesta

mand

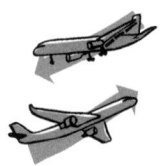

despegar / aterrizar

opstijgen / landen

ciudad

stad

pueblo

dorp

centro de ciudad

stadscentrum

casa

huis

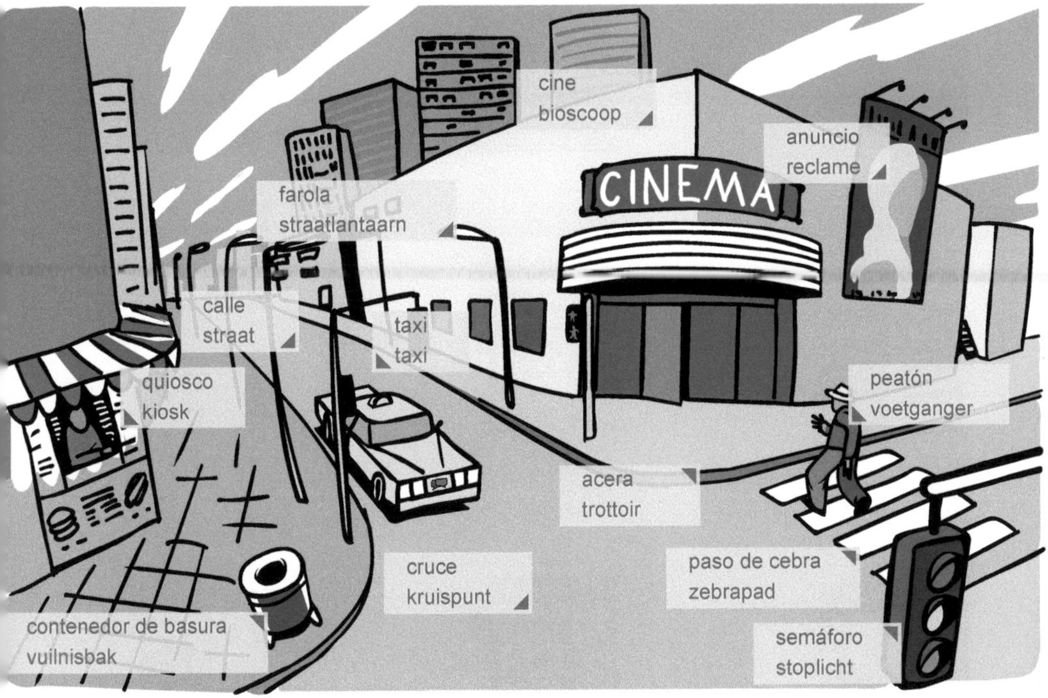

cine / bioscoop

anuncio / reclame

farola / straatlantaarn

calle / straat

taxi / taxi

quiosco / kiosk

peatón / voetganger

acera / trottoir

cruce / kruispunt

paso de cebra / zebrapad

contenedor de basura / vuilnisbak

semáforo / stoplicht

CINEMA

cabaña
hut

apartamento
appartement

estación de tren
station

ayuntamiento
stadhuis

museo
museum

escuela
school

universidad

universiteit

banco

bank

hospital

ziekenhuis

hotel

hotel

farmacia

apotheek

oficina

kantoor

librería

boekenwinkel

tienda

winkel

floristería

bloemenwinkel

supermercado

supermarkt

mercado

markt

grandes almacenes

warenhuis

pescadería

visboer

centro comercial

winkelcentrum

puerto

haven

parque
park

banco
bank

puente
brug

escaleras
trap

metro
metro

túnel
tunnel

parada de autobús
bushalte

bar
bar

restaurante
restaurant

buzón
brievenbus

poste indicador
straatnaambord

parquímetro
parkeermeter

zoo
dierentuin

piscina
zwembad

mezquita
moskee

granja
boerderij

contaminación
vervuiling

cementerio
begraafplaats

iglesia
kerk

patio de juego
speelplaats

templo
tempel

paisaje
landschap

hoja
blad

señal
wegwijzer

camino
weg

prado
weide

piedra
steen

excursionista
wandelaar

árbol
boom

río
rivier

hierba
gras

flor
bloem

valle
vallei

colina
berg

lago
meer

bosque
bos

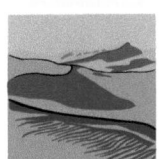

desierto
woestijn

volcán
vulkaan

castillo
kasteel

arcoíris
regenboog

champiñón
paddenstoel

palmera
palmboom

mosquito
mug

mosca
vlieg

hormiga
mier

abeja
bij

araña
spin

paisaje - landschap

escarabajo
kever

rana
kikker

ardilla
eekhoorn

erizo
egel

liebre
haas

lechuza
uil

pájaro
vogel

cisne
zwaan

jabalí
wild zwijn

ciervo
hert

alce
eland

presa
stuwdam

turbina eólica
windmolen

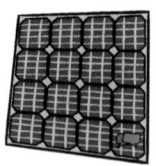

panel solar
zonnepaneel

clima
klimaat

restaurante
restaurant

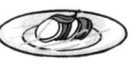

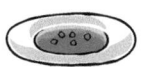

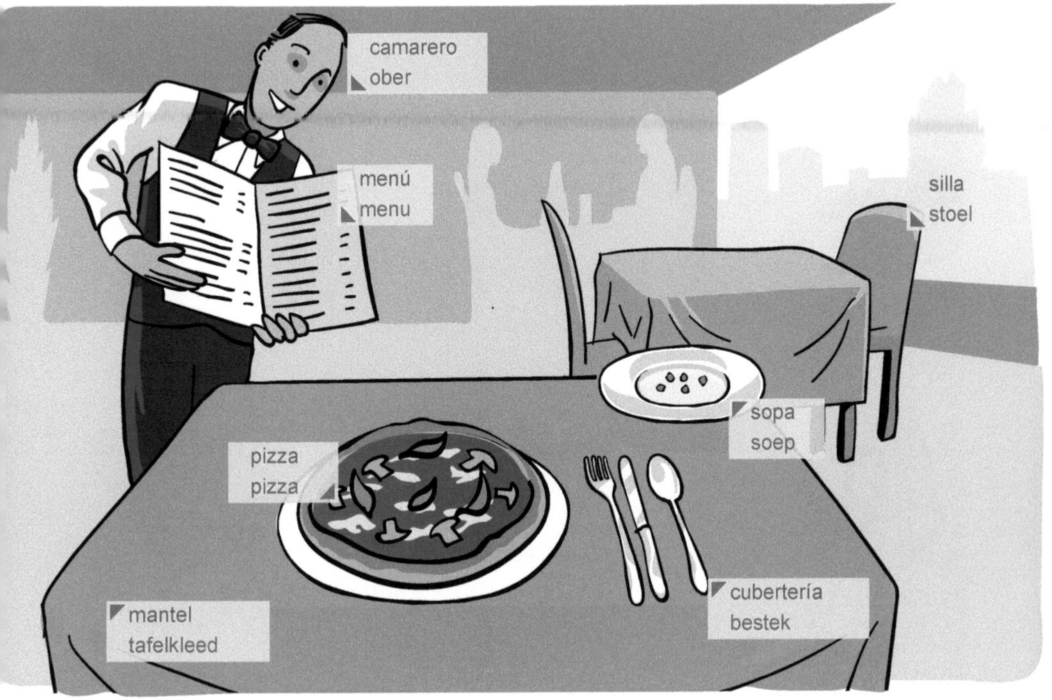
camarero
ober
menú
menu
silla
stoel
sopa
soep
pizza
pizza
mantel
tafelkleed
cubertería
bestek

primer plato

voorgerecht

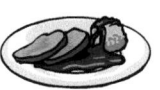

plato principal

hoofdgerecht

postre

toetje

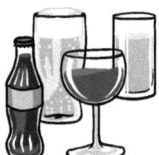

bebidas

dranken

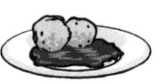

comida

eten

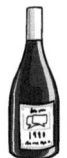

botella

fles

comida rápida

fastfood

comida callejera

eetkraampje

tetera

theepot

azucarero

suikerpot

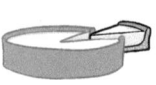

porción

portie

cafetera expreso

espressomachine

trona

kinderstoel

cuenta

rekening

bandeja

dienblad

cuchillo

mes

tenedor

vork

cuchara

lepel

cucharilla

theelepel

servilleta

servet

vaso

glas

plato
bord

plato hondo
soepbord

platillo
schotel

salsa
saus

salero
zoutvaatje

molinillo de pimienta
pepermolen

vinagre
azijn

aceite
olie

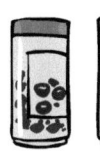

especias
kruiden

ketchup
ketchup

mostaza
mosterd

mayonesa
mayonaise

supermercado
supermarkt

oferta especial
aanbieding
cliente
klant
FOR
lácteos
zuivelproducten
fruta
fruit
carro de la compra
winkelwagen

BUTCHERS

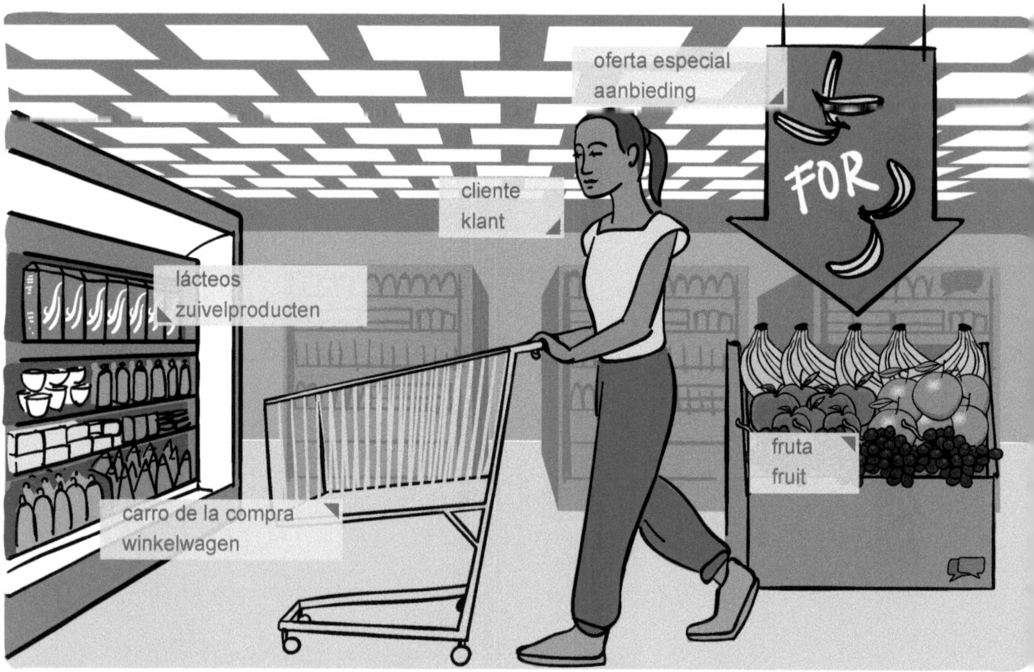

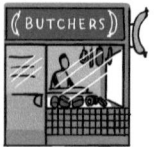

carnicería

slager

BAKERY

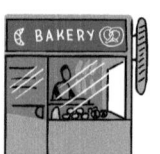

panadería

bakkerij

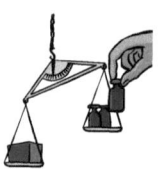

pesar

wegen

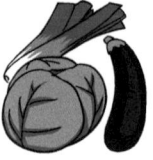

verduras

groente

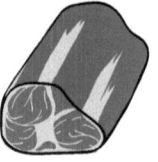

carne

vlees

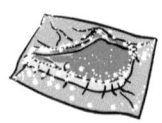

alimentos congelados

diepvriesproducten

fiambres

vleeswaren

conservas

conserven

detergente en polvo

wasmiddel

dulces

snoepgoed

productos de uso doméstico

huishoudelijke artikelen

productos de limpieza

schoonmaakmiddel

vendedora

verkoopster

caja

kassa

cajero

kassier

lista de la compra

boodschappenlijstje

horario de atención al público

openingstijden

cartera

portefeuille

tarjeta de crédito

creditkaart

bolsa

tas

bolsa de plástico

plastic zak

agua

water

zumo

sap

leche

melk

cola

cola

vino

wijn

cerveza

bier

alcohol

alcohol

cacao

chocolademelk

té

thee

café

koffie

expreso

espresso

capuchino

cappuccino

plátano

banaan

manzana

appel

naranja

sinaasappel

melón

watermeloen

limón

citroen

zanahoria

wortel

ajo

knoflook

bambú

bamboe

cebolla

ui

champiñón

paddenstoel

avellanas

noten

fideos

pasta

espagueti

spaghetti

arroz

rijst

ensalada

salade

patatas fritas

friet

patatas fritas

gebakken aardappelen

pizza

pizza

hamburguesa

hamburger

sándwich

sandwich

filete

schnitzel

jamón

ham

salami

salami

salchicha

worst

pollo

kip

asado

gebraad

pescado

vis

copos de avena

havermout

muesli

muesli

copos de maíz

cornflakes

harina

meel

cruasán

croissant

panecillo

broodjes

pan

brood

tostada

toast

galletas

koekjes

mantequilla

boter

cuajada

kwark

pastel

taart

huevo

ei

huevo frito

gebakken ei

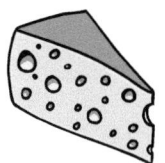

queso

kaas

helado
ijs

azúcar
suiker

miel
honing

mermelada
jam

crema de turrón
chocoladepasta

curry
kerrie

granja
boerderij

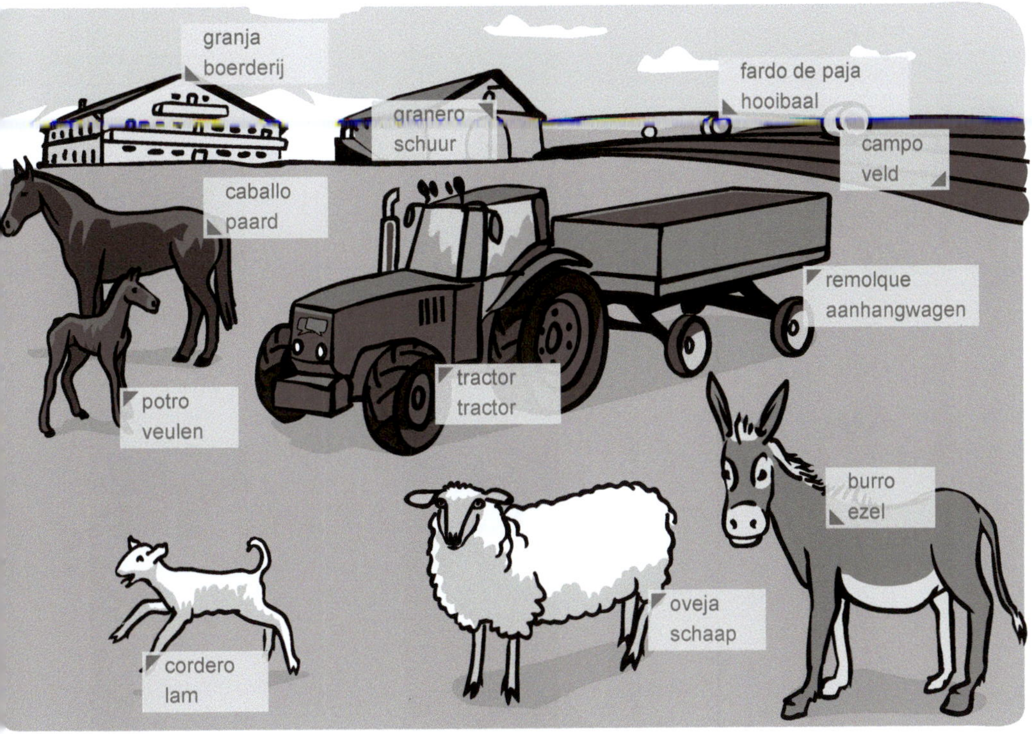

granja
boerderij
granero
schuur
fardo de paja
hooibaal
campo
veld
caballo
paard
remolque
aanhangwagen
tractor
tractor
potro
veulen
burro
ezel
oveja
schaap
cordero
lam

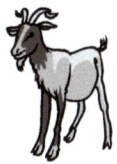

cabra

geit

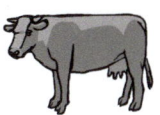

vaca

koe

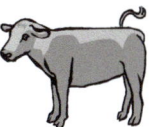

ternero

kalf

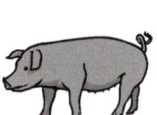

cerdo

varken

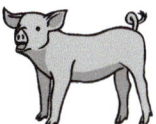

cerdito

big

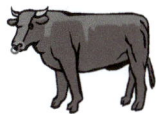

toro

stier

ganso
gans

pato
eend

pollo
kuiken

gallina
kip

gallo
haan

rata
rat

gato
kat

ratón
muis

buey
os

perro
hond

perrera
hondenhok

manguera
tuinslang

regadera
gieter

guadaña
zeis

arado
ploeg

granja - boerderij

hoz

sikkel

azada

schoffel

horca

hooivork

hacha

bijl

carretilla

kruiwagen

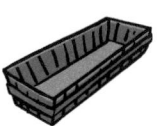

abrevadero

trog

lechera

melkbus

saco

zak

valla

hek

establo

stal

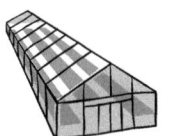

invernadero

broeikas

suelo

grond

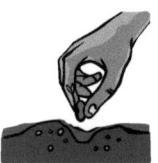

semilla

zaad

fertilizador

mest

cosechadora

maaidorser

cosechar

oogsten

cosecha

oogst

ñame

yam

trigo

tarwe

soja

soja

patata

aardappel

maíz

maïs

semilla de colza

koolzaad

árbol frutal

fruitboom

mandioca

maniok

cereales

granen

casa
huis

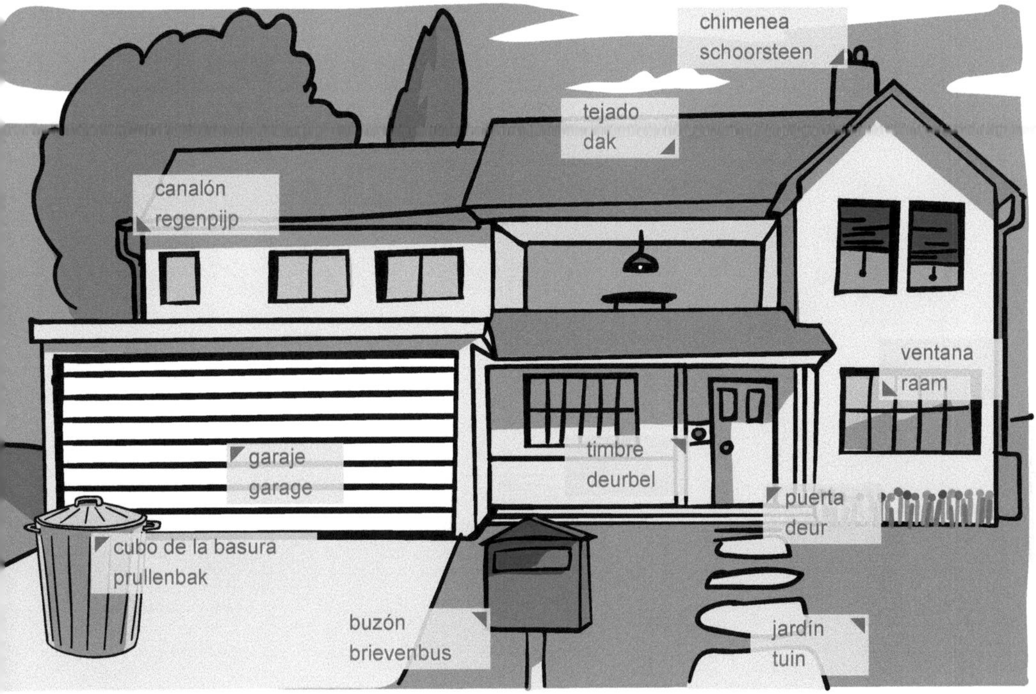
chimenea
schoorsteen
tejado
dak
canalón
regenpijp
ventana
raam
garaje
garage
timbre
deurbel
puerta
deur
cubo de la basura
prullenbak
buzón
brievenbus
jardín
tuin

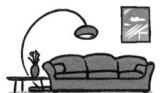

sala
woonkamer

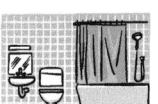

cuarto de baño
badkamer

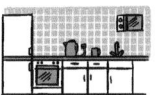

cocina
keuken

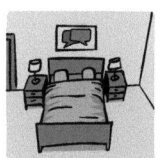

dormitorio
slaapkamer

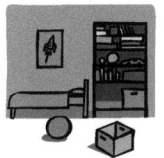

habitación de los niños
kinderkamer

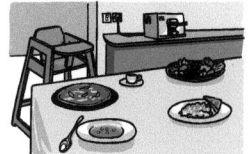

comedor
eetkamer

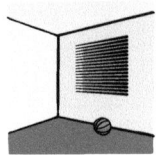

suelo
vloer

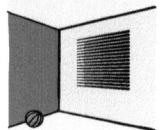

pared
muur

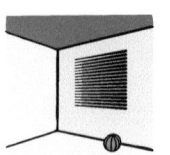

techo
plafond

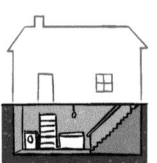

sótano
kelder

sauna
sauna

balcón
balkon

terraza
terras

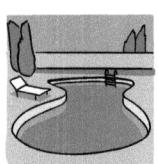

piscina
zwembad

cortacésped
grasmaaier

sábana
laken

colcha
bedsprei

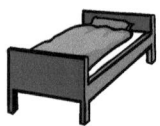

cama
bed

escoba
bezem

balde
emmer

interruptor
schakelaar

sala
woonkamer

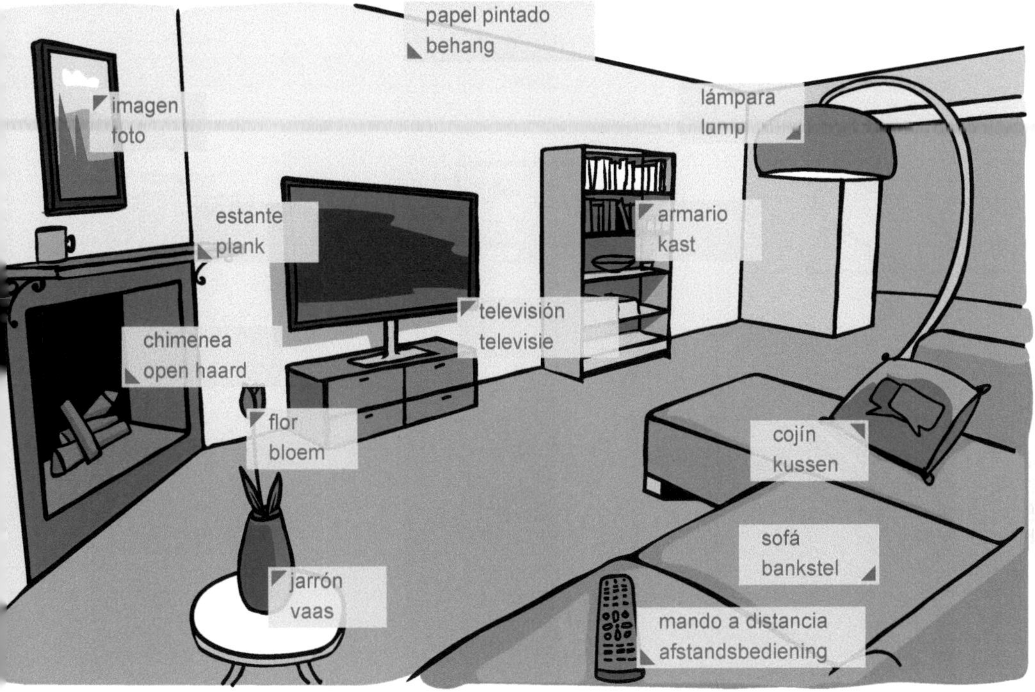
papel pintado
behang
imagen
foto
lámpara
lamp
estante
plank
armario
kast
televisión
televisie
chimenea
open haard
flor
bloem
cojín
kussen
sofá
bankstel
jarrón
vaas
mando a distancia
afstandsbediening

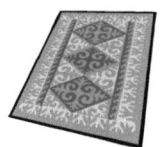

alfombra

tapijt

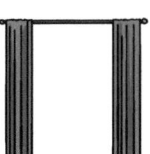

cortina

gordijn

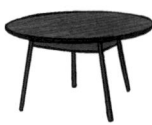

mesa

tafel

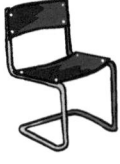

silla

stoel

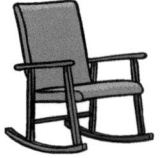

mecedora

schommelstoel

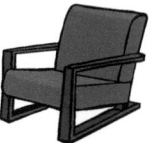

butaca

stoel

libro
boek

manta
deken

decoración
decoratie

leña
brandhout

película
film

equipo de música
stereo-installatie

llave
sleutel

periódico
krant

pintura
schilderij

póster
poster

radio
radio

cuaderno
kladblok

aspiradora
stofzuiger

cactus
cactus

vela
kaars

cocina
keuken

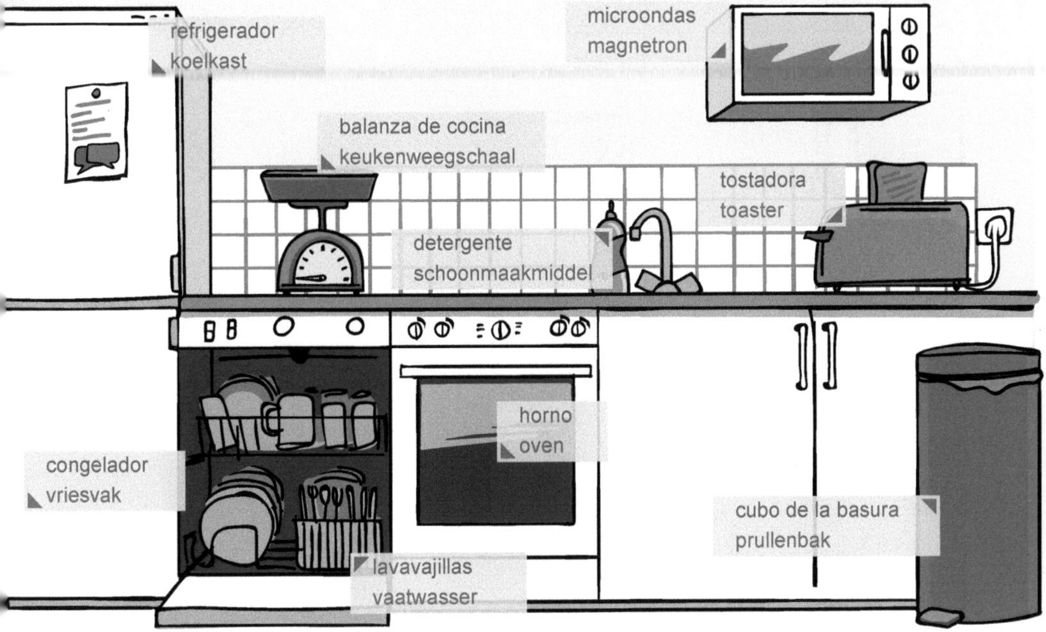

refrigerador
koelkast
microondas
magnetron
balanza de cocina
keukenweegschaal
tostadora
toaster
detergente
schoonmaakmiddel
horno
oven
congelador
vriesvak
cubo de la basura
prullenbak
lavavajillas
vaatwasser

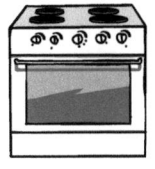

olla a presión

fornuis

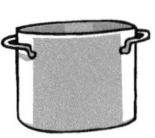

olla

pan

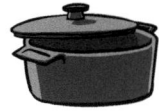

olla de hierro fundido

gietijzeren pan

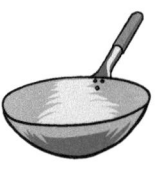

wok / karahi

wok / kadai

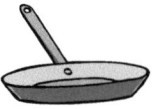

cazuela

koekenpan

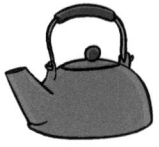

hervidor

ketel

vaporera

stoomkoker

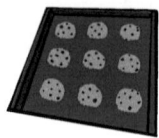

chapa de horno

bakplaat

vajilla

servies

taza

beker

tazón

kom

palillos

eetstokjes

cucharón

soeplepel

espumadera

spatel

batidor

garde

colador

vergiet

cedazo

zeef

rallador

rasp

mortero

vijzel

barbacoa

barbecue

hoguera

vuurhaard

tabla de picar
snijplank

rodillo
deegroller

sacacorchos
kurkentrekker

lata
blik

abrelatas
blikopener

agarrador
pannenlap

lavabo
wasbak

cepillo
borstel

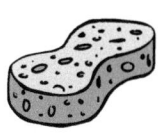

esponja
spons

batidora
blender

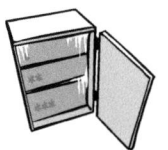

congelador
vriezer

biberón
babyflesje

grifo
kraan

cuarto de baño
badkamer

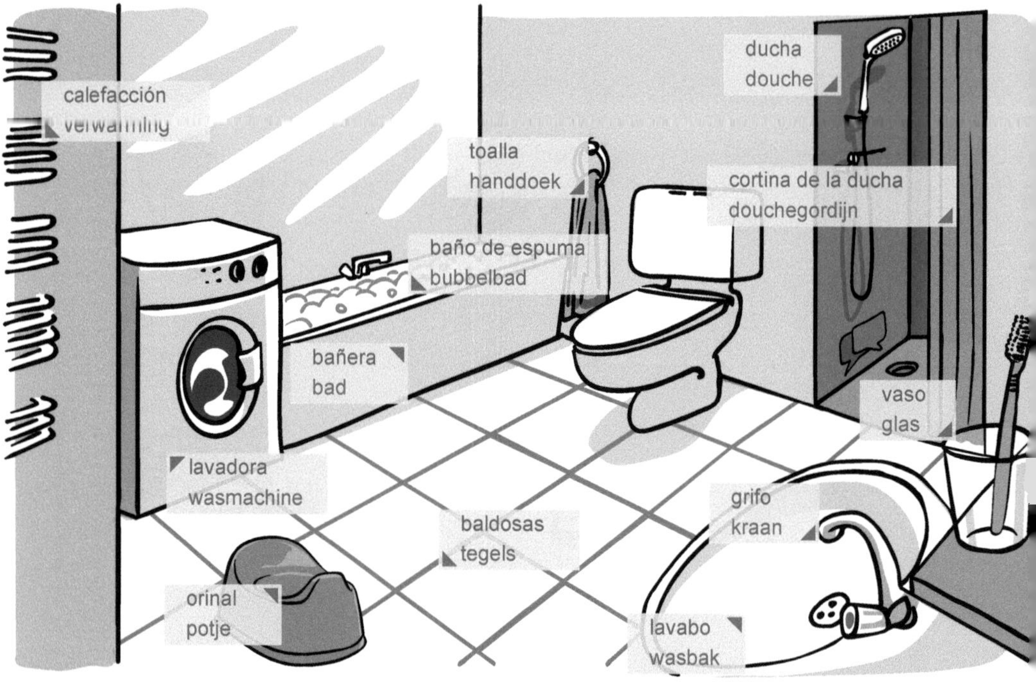

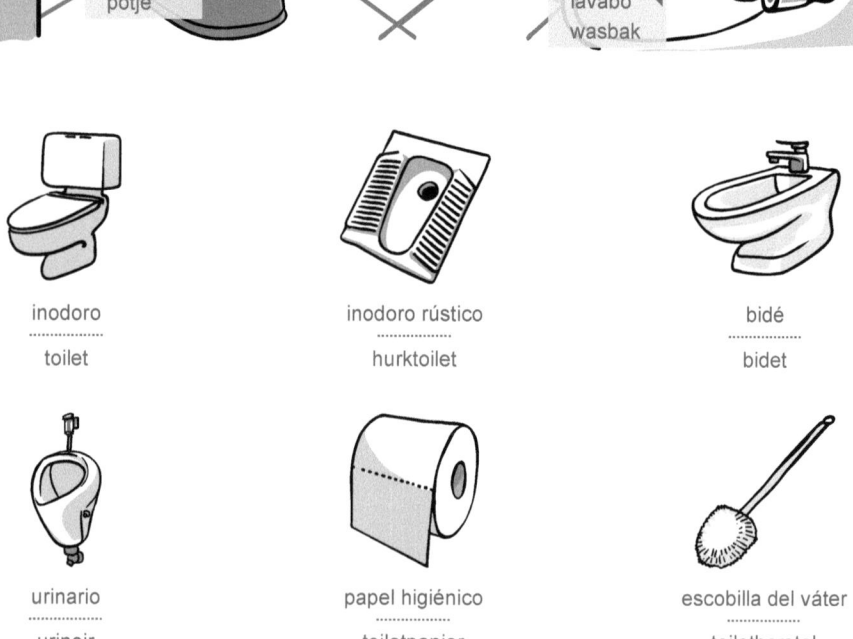

calefacción
verwarming
ducha
douche
toalla
handdoek
cortina de la ducha
douchegordijn
baño de espuma
bubbelbad
bañera
bad
vaso
glas
lavadora
wasmachine
grifo
kraan
baldosas
tegels
orinal
potje
lavabo
wasbak

inodoro

toilet

inodoro rústico

hurktoilet

bidé

bidet

urinario

urinoir

papel higiénico

toiletpapier

escobilla del váter

toiletborstel

cepillo de dientes

tandenborstel

pasta de dientes

tandpasta

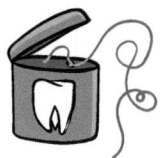

hilo dental

flosdraad

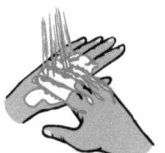

lavar

wassen

ducha de mano

handdouche

ducha íntima

toiletdouche

pila

waskom

cepillo de espalda

rugborstel

jabón

zeep

gel de ducha

douchegel

champú

shampoo

toallita

washanje

desagüe

afvoer

crema

creme

desodorante

deodorant

espejo

spiegel

espejo de tocador

make-upspiegel

maquinilla de afeitar

scheermes

espuma de afeitar

scheerschuim

loción postafeitado

aftershave

peine

kam

cepillo

borstel

secador

haardroger

laca

haarspray

maquillaje

make-up

pintalabios

lippenstift

pintauñas

nagellak

algodón

watten

cortauñas

nagelschaartje

perfume

parfum

estuche de viaje
toilettas

banqueta
kruk

balanza
weegschaal

albornoz
badjas

guantes de goma
rubber handschoenen

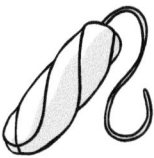

tampón
tampon

compresa
maandverband

inodoro químico
chemisch toilet

habitación de los niños

kinderkamer

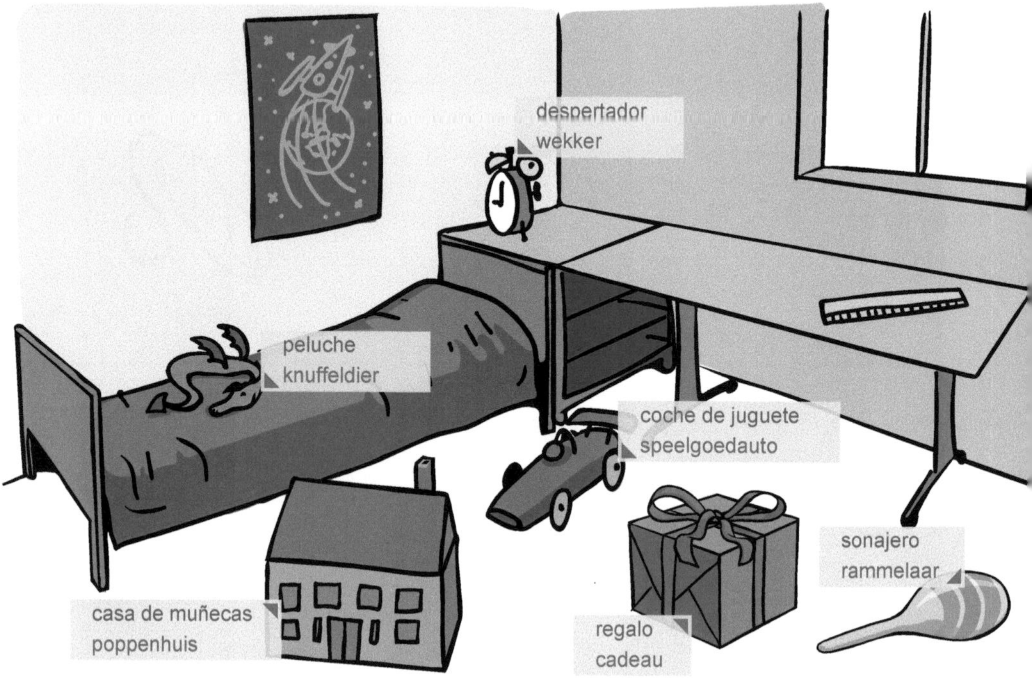

despertador
wekker
peluche
knuffeldier
coche de juguete
speelgoedauto
sonajero
rammelaar
casa de muñecas
poppenhuis
regalo
cadeau

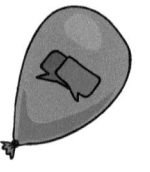

globo

ballon

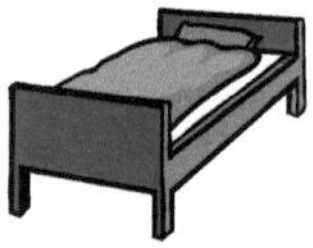

cama

bed

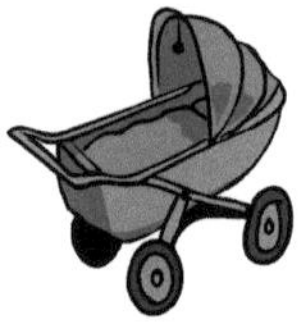

coche de niño

kinderwagen

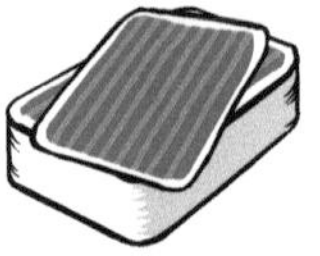

naipes

kaartspel

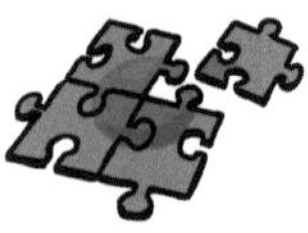

puzle

puzzel

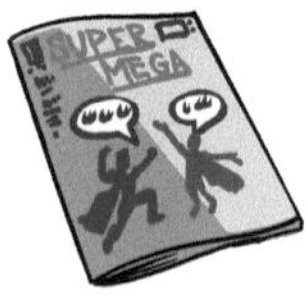

tebeo

stripverhaal

piezas de lego
legostenen

bloques de juguete
speelgoedblokken

figura de acción
actiefiguurtje

bodi (de bebé)
romper

frisbee
frisbee

colgador móvil para bebés
mobile

juego de mesa
bordspel

dados
dobbelsteen

circuito de tren eléctrico
modeltrein

maniquí
speen

fiesta
feestje

álbum de fotos
prentenboek

pelota
bal

muñeca
pop

jugar
spelen

cajón de arena

zandbak

columpio

schommel

juguetes

speelgoed

videoconsola

spelcomputer

triciclo

driewieler

oso de peluche

teddybeer

guardarropa

kleerkast

ropa
kleding

calcetines

sokken

medias

kousen

leotardos

panty

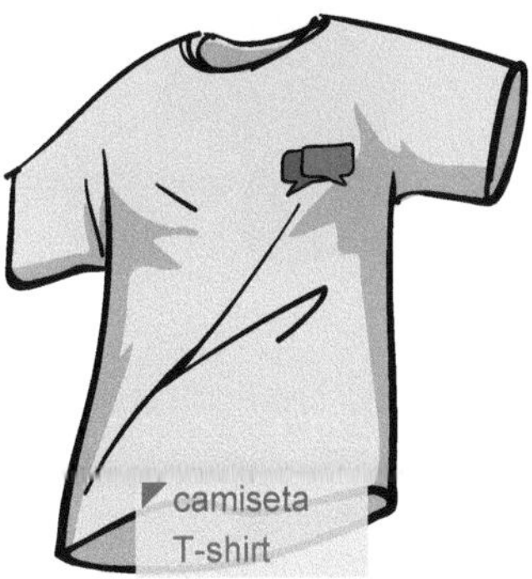

bufanda
sjaal

cinturón
riem

paraguas
paraplu

camiseta
T-shirt

deportivas
sportschoenen

botas
laarzen

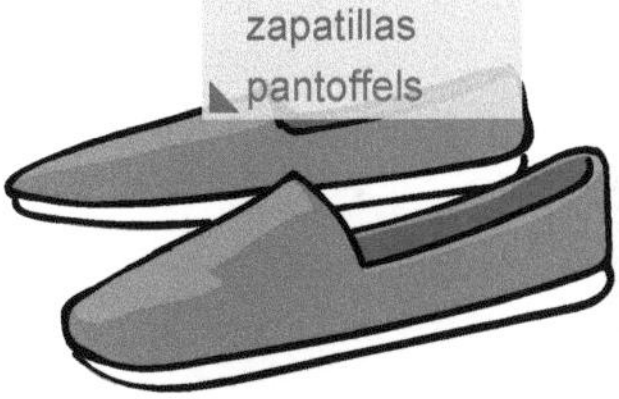

zapatillas
pantoffels

sandalias
....
sandalen

zapatos
....
schoenen

botas de goma
....
rubberlaarzen

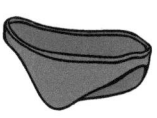

slip
....
onderbroek

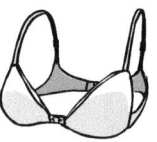

sostén
....
beha

chaleco
....
onderhemd

ropa - kleding

45

bodi

body

pantalones

broek

vaqueros

spijkerbroek

falda

rok

blusa

blouse

camisa

overhemd

jersey

trui

suéter

hoody

blazer

blazer

chaqueta

jas

abrigo

mantel

gabardina

regenjas

traje

kostuum

vestido

jurk

vestido de novia

trouwjurk

traje

pak

camisón

nachthemd

pijama

pyjama

sari

sari

bandana

hoofddoek

turbante

tulband

burka

boerka

caftán

kaftan

abaya

abaja

traje de baño

zwempak

bañador

zwembroek

pantalones cortos

korte broek

chándal

trainingspak

delantal

schort

guantes

handschoenen

botón

knoop

gafas

bril

brazalete

armband

collar

ketting

anillo

ring

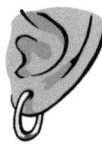

pendiente

oorbel

gorra

pet

percha

kledinghanger

sombrero

hoed

corbata

stropdas

cremallera

rits

casco

helm

tirantes

bretels

uniforme escolar

schooluniform

uniforme

uniform

babero
slabbetje

maniquí
speen

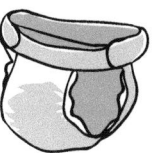

pañal
luier

oficina
kantoor

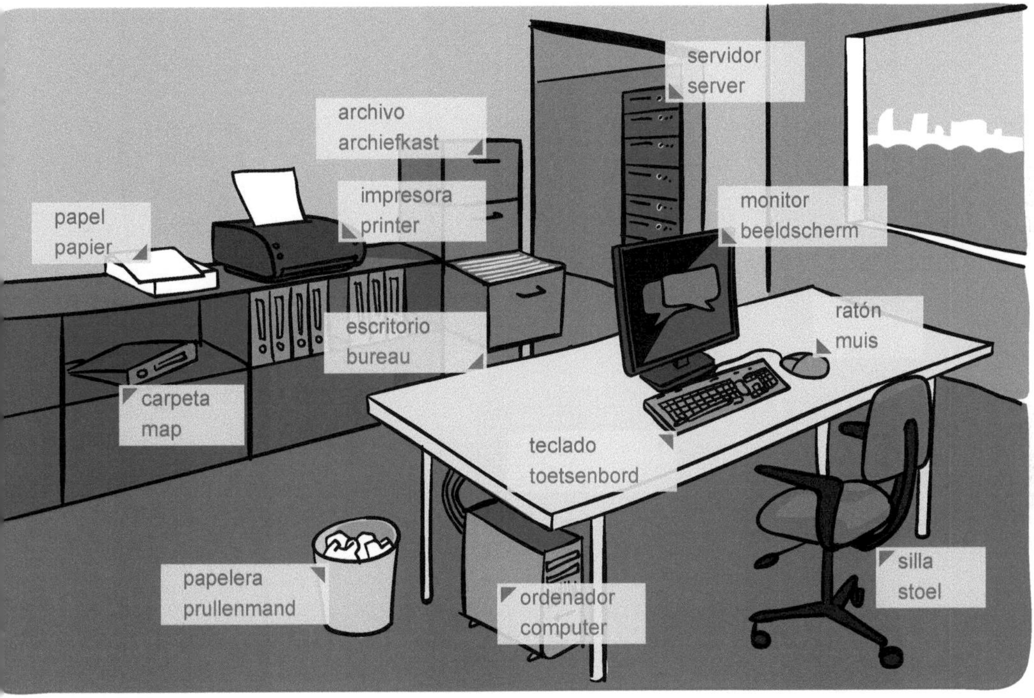

servidor
server

archivo
archiefkast

impresora
printer

papel
papier

monitor
beeldscherm

escritorio
bureau

ratón
muis

carpeta
map

teclado
toetsenbord

silla
stoel

papelera
prullenmand

ordenador
computer

taza de café
koffiemok

calculadora
rekenmachine

internet
internet

portátil

laptop

carta

brief

mensaje

bericht

móvil

mobiele telefoon

red

netwerk

fotocopiadora

kopieermachine

software

software

teléfono

telefoon

toma de corriente

stopcontact

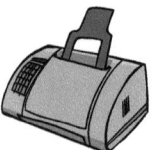

fax

fax

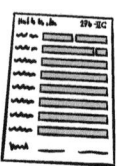

formulario

formulier

documento

document

comprar

kopen

pagar

betalen

comerciar

handel drijven

dinero

geld

 USD

dólar

dollar

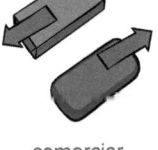 EUR

euro

euro

 JPY

yen

yen

 RUB

rublo

roebel

 CHF

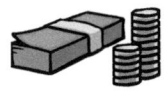

franco suizo

Zwitserse frank

 CNY

renminbi yuan

renminbi yuan

 INR

rupia

roepie

cajero automático

geldautomaat

oficina de cambio de divisas
....
wisselkantoor

oro
....
goud

plata
....
zilver

petróleo
....
olie

energía
....
energie

precio
....
prijs

contrato
....
contract

impuesto
....
belasting

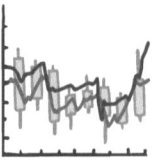

acción
....
aandeel

trabajar
....
werken

empleado
....
werknemer

empleador
....
werkgever

fábrica
....
fabriek

tienda
....
winkel

oficios

beroepen

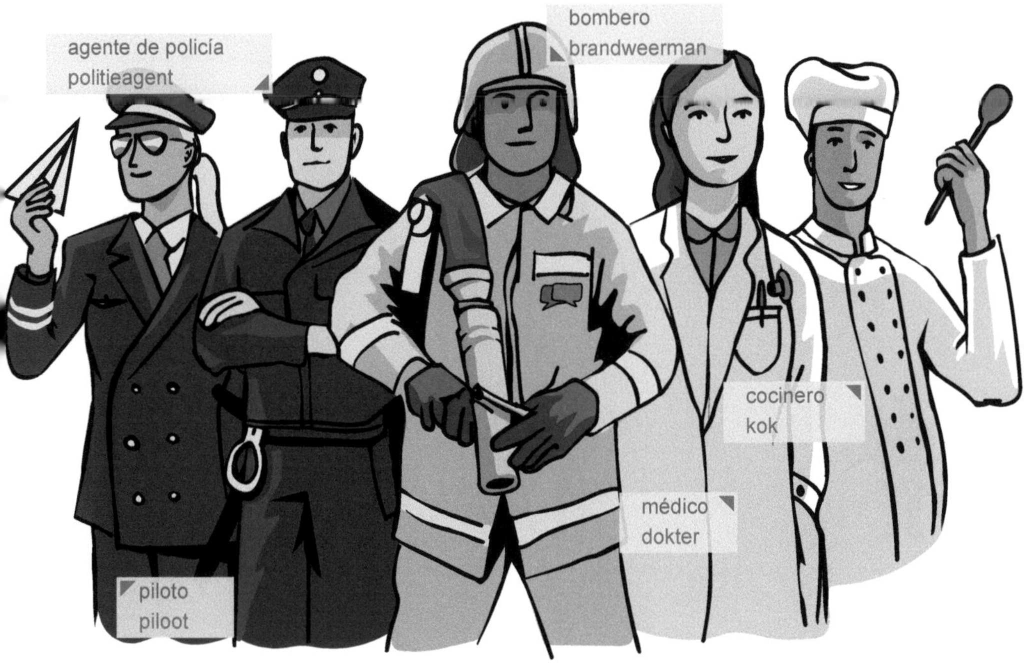
agente de policía
politieagent
bombero
brandweerman
cocinero
kok
médico
dokter
piloto
piloot

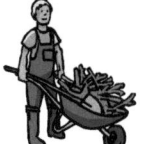

jardinero

tuinman

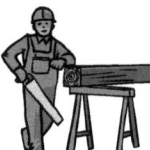

carpintero

timmerman

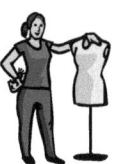

costurera

naaister

juez

rechter

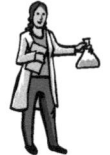

farmacéutico

scheikundige

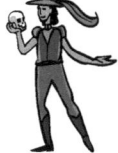

actor

toneelspeler

conductor de autobús

buschauffeur

taxista

taxichauffeur

pescador

visser

señora de la limpieza

schoonmaakster

techador

dakdekker

camarero

ober

cazador

jager

pintor

schilder

panadero

bakker

electricista

elektricien

obrero

bouwvakker

ingeniero

ingenieur

carnicero

slager

fontanero

loodgieter

cartero

postbode

soldado
soldaat

arquitecto
architect

cajero
kassier

florista
bloemist

peluquero
kapper

revisor
conducteur

mecánico
monteur

capitán
kapitein

dentista
tandarts

científico
wetenschapper

rabino
rabbi

imán
imam

monje
monnik

sacerdote
pastoor

herramientas
gereedschap

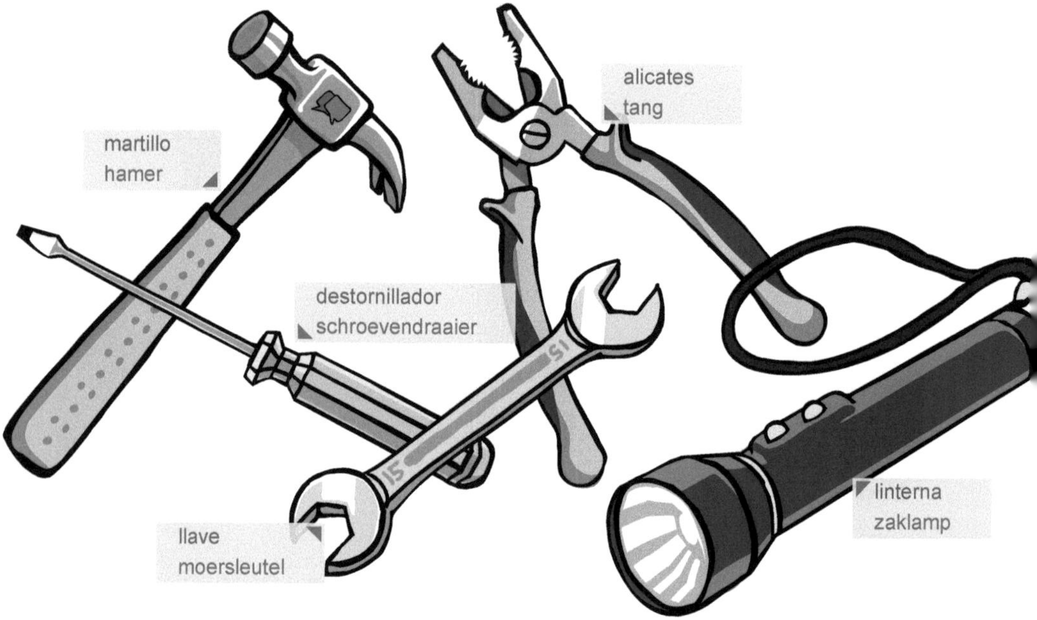
alicates
tang
martillo
hamer
destornillador
schroevendraaier
llave
moersleutel
linterna
zaklamp

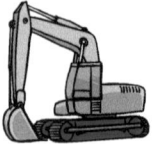

excavadora

graafmachine

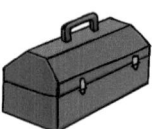

caja de herramientas

gereedschapskist

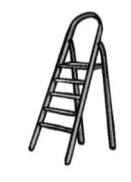

escalera de mano

ladder

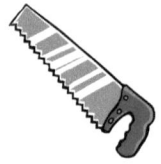

sierra

zaag

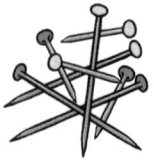

clavos

spijkers

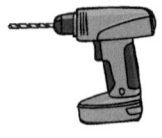

taladro

boor

reparar

repareren

pala

schep

¡Maldita sea!

Verdorie!

recogedor

stofblik

bote de pintura

verfpot

tornillos

schroeven

instrumentos musicales

muziekinstrumenten

altavoz
luidspreker

batería
drumstel

guitarra
gitaar

contrabajo
contrabas

trompeta
trompet

piano

piano

violín

viool

bajo

bas

timbales

pauk

tambor

trommel

teclado

keyboard

saxofón

saxofoon

flauta

fluit

micrófono

microfoon

instrumentos musicales - muziekinstrumenten

zoo
dierentuin

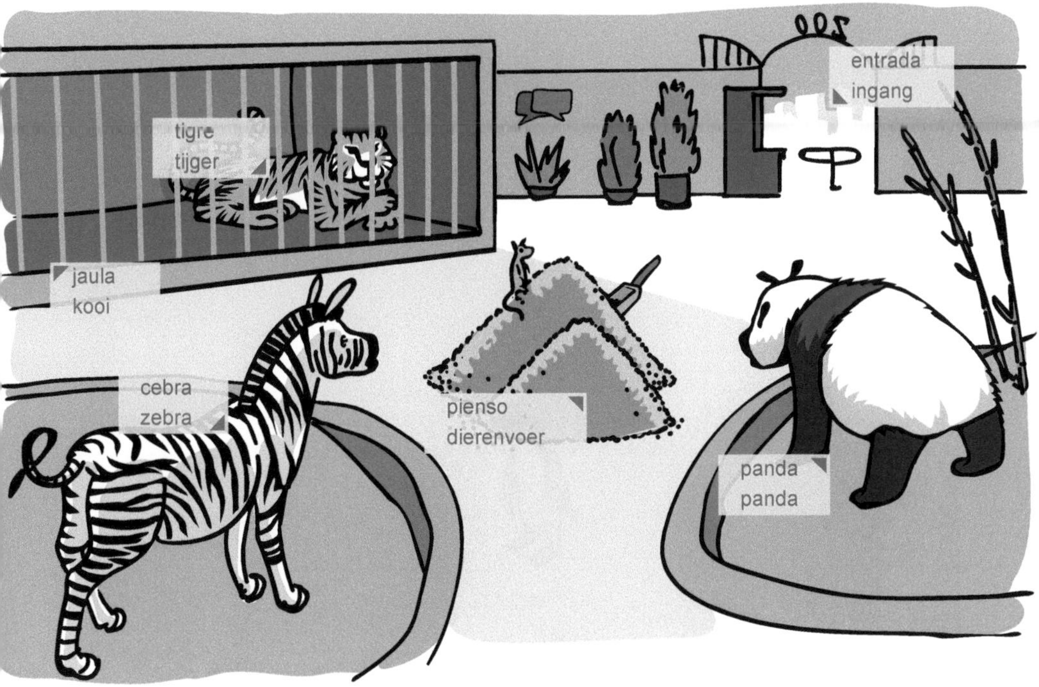

zoo
entrada
ingang
tigre
tijger
jaula
kooi
cebra
zebra
pienso
dierenvoer
panda
panda

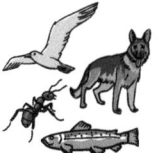

animales

dieren

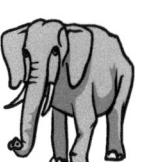

elefante

olifant

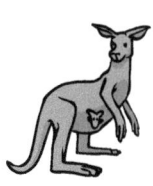

canguro

kangoeroe

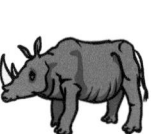

rinoceronte

neushoorn

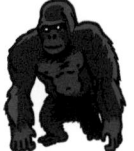

gorila

gorilla

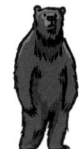

oso

beer

camello

kameel

avestruz

struisvogel

león

leeuw

mono

aap

flamingo

flamingo

loro

papegaai

oso polar

ijsbeer

pingüino

pinguïn

tiburón

haai

pavo real

pauw

serpiente

slang

cocodrilo

krokodil

guardián de zoológico

dierenverzorger

foca

zeehond

jaguar

jaguar

poni

pony

leopardo

luipaard

hipopótamo

nijlpaard

jirafa

giraffe

águila

adelaar

jabalí

wild zwijn

pescado

vis

tortuga

schildpad

morsa

walrus

zorro

vos

gacela

gazelle

fútbol americano
American football

ciclismo
wielrennen

tenis
tennis

baloncesto
basketbal

natación
zwemmen

boxeo
boksen

hockey sobre hielo
ijshockey

fútbol

voetbal

bádminton

badminton

atletismo

atletiek

balonmano

handbal

esquí

skiën

polo

polo

actividades
activiteiten

reír
lachen
saltar
springen
abrazar
knuffelen
caminar
lopen
cantar
zingen
soñar
dromen
rezar
bidden
besar
kussen

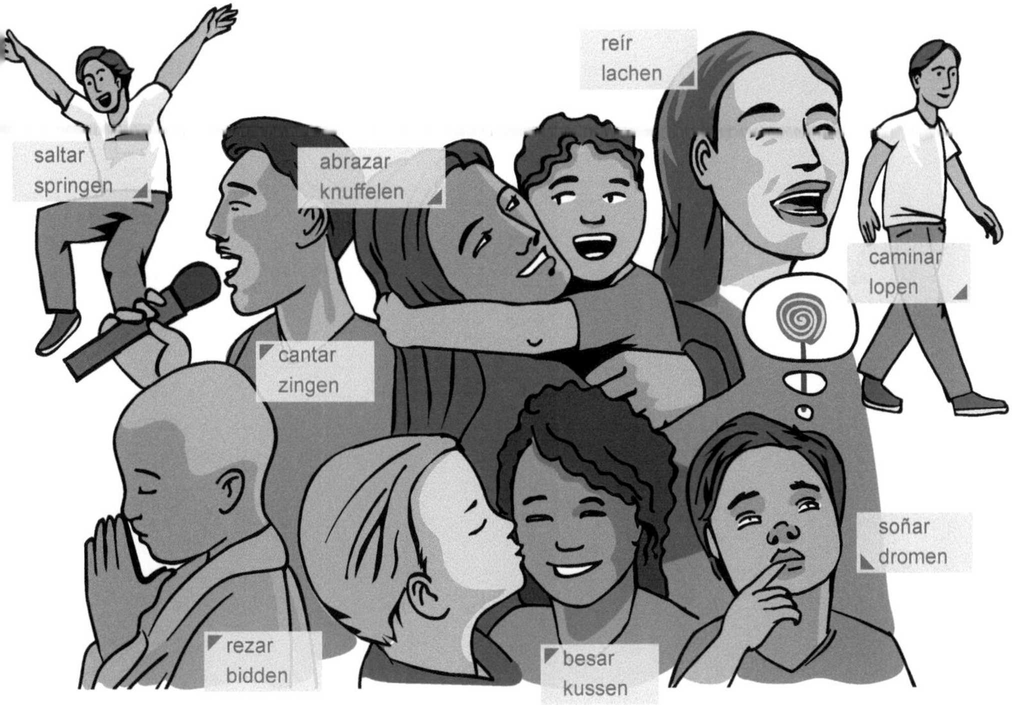

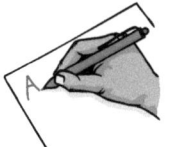

escribir

schrijven

dibujar

tekenen

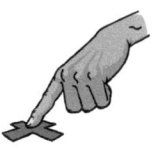

mostrar

tonen

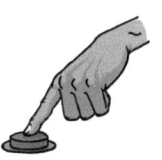

empujar

duwen

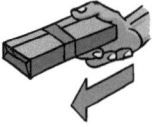

dar

geven

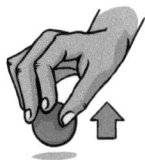

tomar

oppakken

tener

hebben

hacer

doen

ser

zijn

estar de pie

staan

correr

rennen

tirar

trekken

tirar

gooien

caer

vallen

yacer

liggen

esperar

wachten

llevar

dragen

estar sentado

zitten

vestirse

aankleden

dormir

slapen

despertar

wakker worden

mirar

bekijken

llorar

huilen

acariciar

strelen

peinar

kammen

hablar

praten

entender

begrijpen

preguntar

vragen

escuchar

horen

beber

drinken

comer

eten

ordenar

opruimen

amar

houden van

cocinar

koken

conducir

rijden

volar

vliegen

navegar

zeilen

calcular

rekenen

leer

lezen

aprender

leren

trabajar

werken

casarse

trouwen

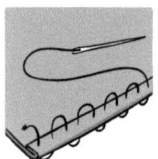

coser

naaien

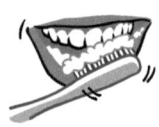

cepillarse los dientes

tandenpoetsen

matar

doden

fumar

roken

enviar

verzenden

familia
familie

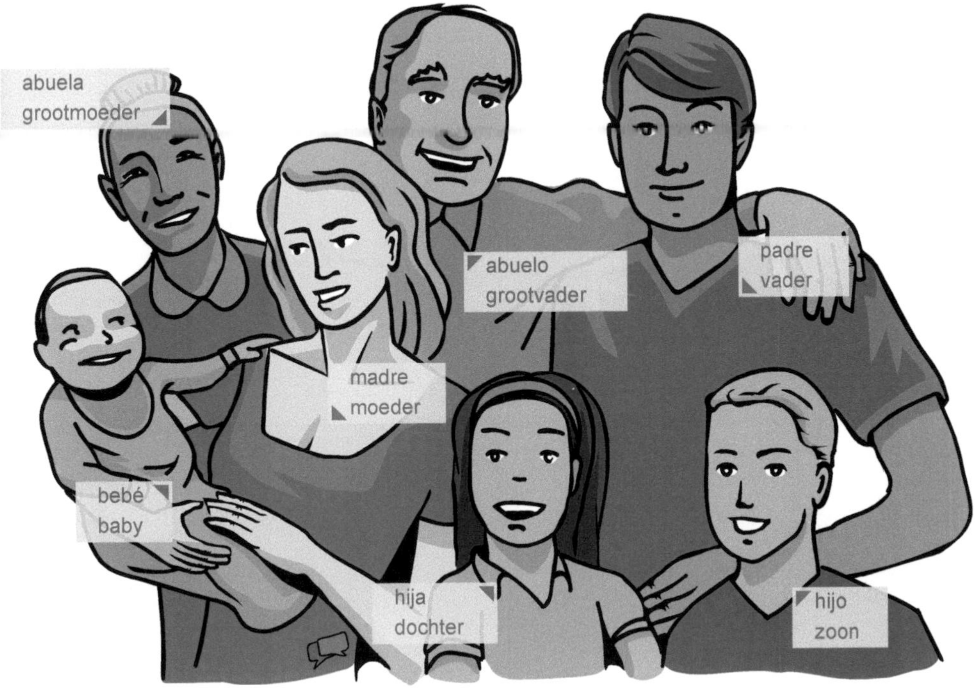
abuela
grootmoeder
abuelo
grootvader
padre
vader
madre
moeder
bebé
baby
hija
dochter
hijo
zoon

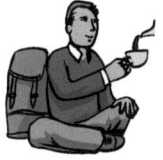

invitado

gast

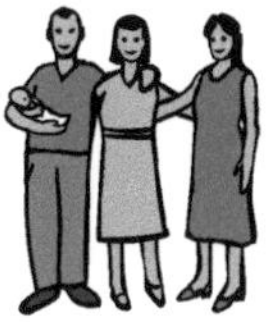

tía

tante

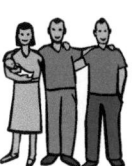

tío

oom

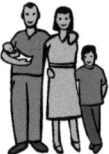

hermano

broer

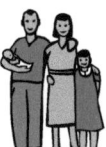

hermana

zus

cuerpo
lichaam

frente
voorhoofd
ojo
oog
hombro
schouder
dedo
vinger
cara
gezicht
barbilla
kin
mano
hand
pecho
borst
pierna
been
brazo
arm

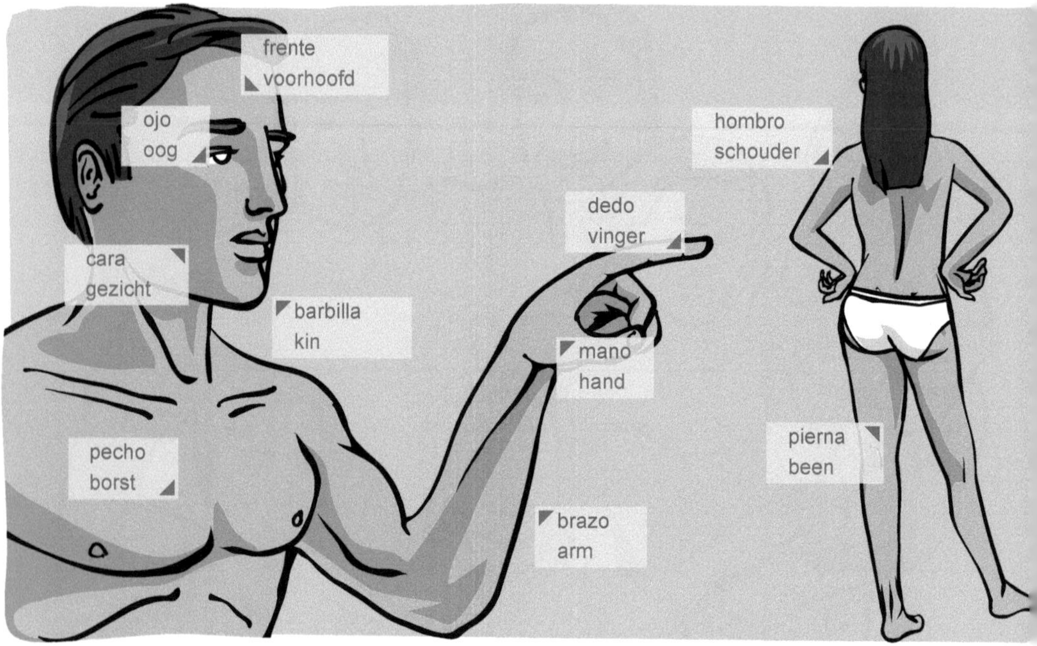

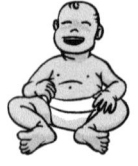

bebé
baby

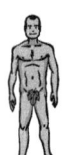

hombre
man

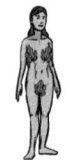

mujer
vrouw

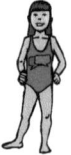

chica
meisje

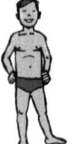

chico
jongen

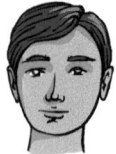

cabeza
hoofd

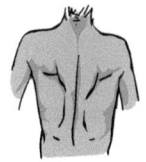

espalda
rug

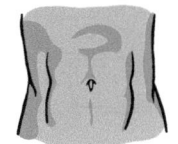

vientre
buik

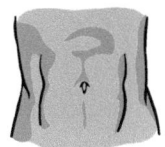

ombligo
navel

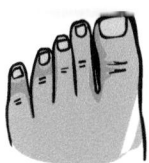

dedo del pie
teen

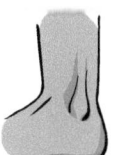

talón
hiel

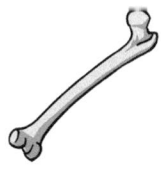

hueso
bot

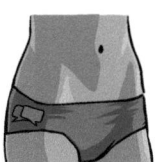

cadera
heup

rodilla
knie

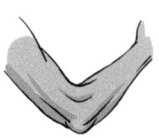

codo
elleboog

nariz
neus

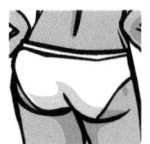

trasero
achterwerk

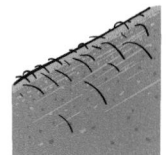

piel
huid

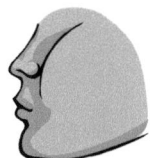

mejilla
wang

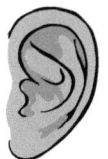

oído
oor

labio
lippen

boca

mond

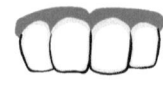

diente

tand

lengua

tong

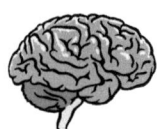

cerebro

hersenen

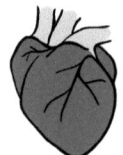

corazón

hart

músculo

spier

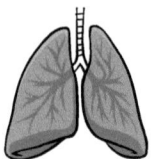

pulmón

long

hígado

lever

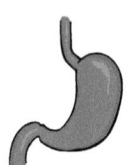

estómago

maag

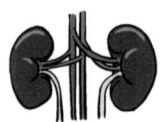

riñones

nieren

sexo

geslachtsgemeenschap

condón

condoom

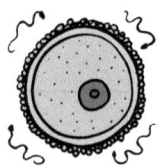

ovario

eicel

semen

sperma

embarazo

zwangerschap

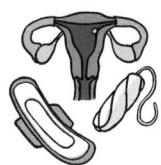

menstruación

menstruatie

vagina

vagina

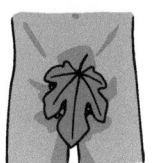

pene

penis

ceja

wenkbrauw

pelo

haar

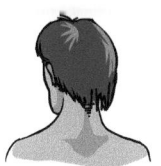

cuello

hals

hospital
ziekenhuis

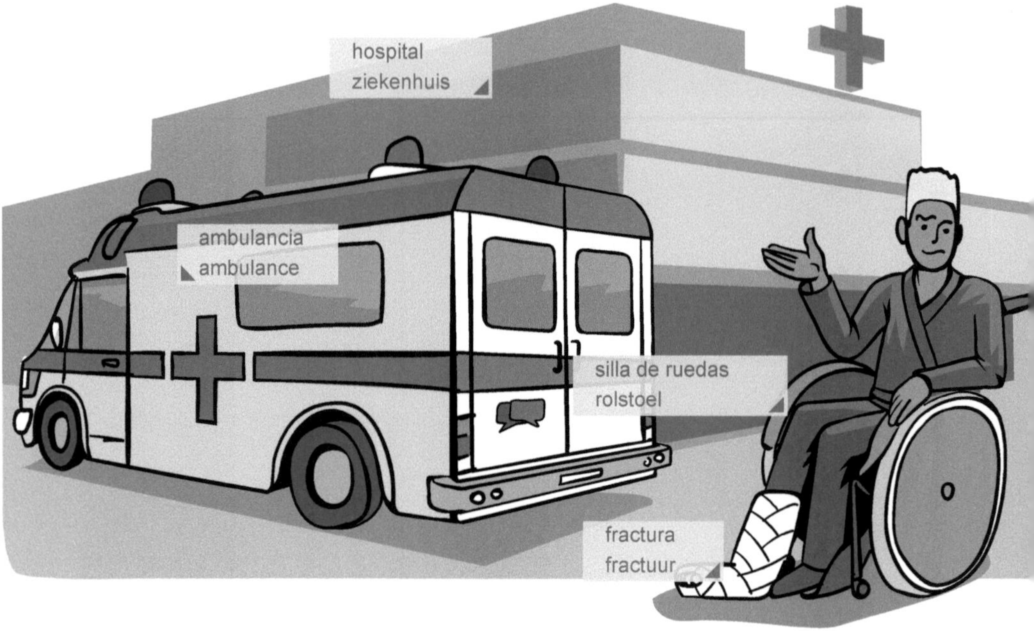

hospital
ziekenhuis
ambulancia
ambulance
silla de ruedas
rolstoel
fractura
fractuur

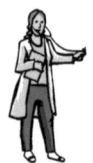

médico

dokter

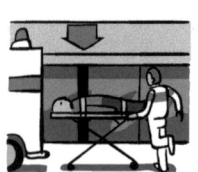

sala de urgencias

EHBO

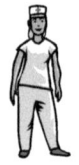

enfermera

verpleegster

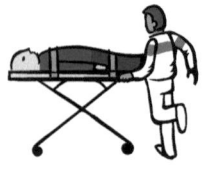

urgencia

noodgeval

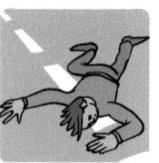

inconsciente

bewusteloos

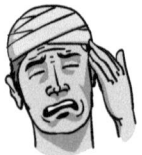

dolor

pijn

lesión

verwonding

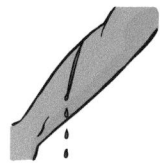

hemorragia

bloeding

infarto

hartaanval

ictus

beroerte

alergia

allergie

tos

hoest

fiebre

koorts

gripe

griep

diarrea

diarree

dolor de cabeza

hoofdpijn

cáncer

kanker

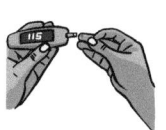

diabetes

diabetes

cirujano

chirurg

bisturí

scalpel

operación

operatie

TAC
CT

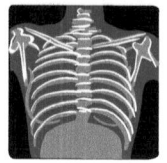

rayos x
röntgen

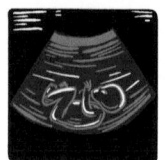

ultrasonido
echografie

mascarilla
gezichtsmasker

enfermedad
ziekte

sala de espera
wachtkamer

muleta
kruk

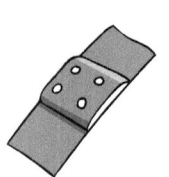

tirita
pleister

venda
verband

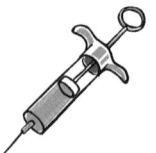

inyección
injectie

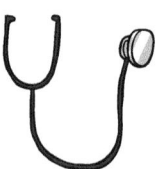

estetoscopio
stethoscoop

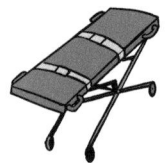

camilla
brancard

termómetro
thermometer

nacimiento
geboorte

sobrepeso
overgewicht

audífono

gehoorapparaat

desinfectante

ontsmettingsmiddel

infección

infectie

virus

virus

VIH / SIDA

HIV / AIDS

medicina

medicijn

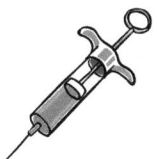

vacunación

inenting

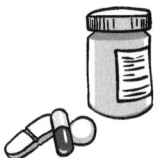

tabletas

tabletten

pastilla

pil

llamada de urgencia

alarmnummer

tensiómetro

bloeddrukmeter

enfermo / sano

ziek / gezond

¡Socorro!

Help!

alarma

alarm

asalto

overval

ataque

aanval

peligro

gevaar

salida de emergencia

nooduitgang

¡Fuego!

Brand!

extintor de incendios

brandblusser

accidente

ongeluk

botiquín de primeros
auxilios
EHBO-koffer

SOS

SOS

policía

politie

Europa

Europa

Norteamérica

Noord-Amerika

Sudamérica

Zuid-Amerika

África

Afrika

Asia

Azië

Australia

Australië

Atlántico

Atlantische Oceaan

Pacífico

Stille Oceaan

Océano Índico

Indische Oceaan

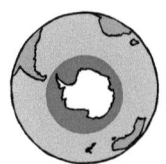

Océano Antártico

Zuidelijke Oceaan

Océano Ártico

Noordelijke IJszee

polo norte

Noordpool

polo sur

Zuidpool

Antártida

Antarctica

tierra

aarde

tierra

land

mar

zee

isla

eiland

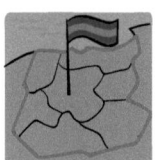

nación

natie

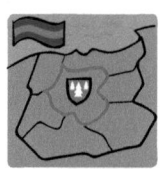

estado

staat

esfera

wijzerplaat

manecilla de las horas

uurwijzer

minutero

minutenwijzer

segundero

secondewijzer

¿Qué hora es?

Hoe laat is het?

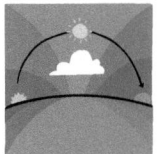

día

dag

tiempo

tijd

ahora

nu

reloj digital

digitaal horloge

minuto

minuut

hora

uur

semana
week

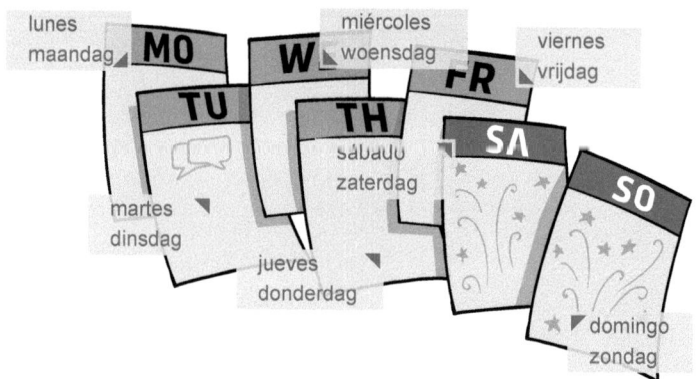

lunes
maandag
MO

miércoles
woensdag
W

viernes
vrijdag
FR

TU

TH
sábado
zaterdag
SA

martes
dinsdag

jueves
donderdag

SO

domingo
zondag

ayer
gisteren

hoy
vandaag

mañana
morgen

mañana
ochtend

mediodía
middag

tarde
avond

días laborables
werkdagen

fin de semana
weekend

año

jaar

lluvia
regen
arcoíris
regenboog
nieve
sneeuw
viento
wind
primavera
voorjaar
otoño
herfst
verano
zomer
invierno
winter

4.APRIL 11°
5.APRIL 4°
6.APRIL 13°
7.APRIL 8°
8.APRIL 10°

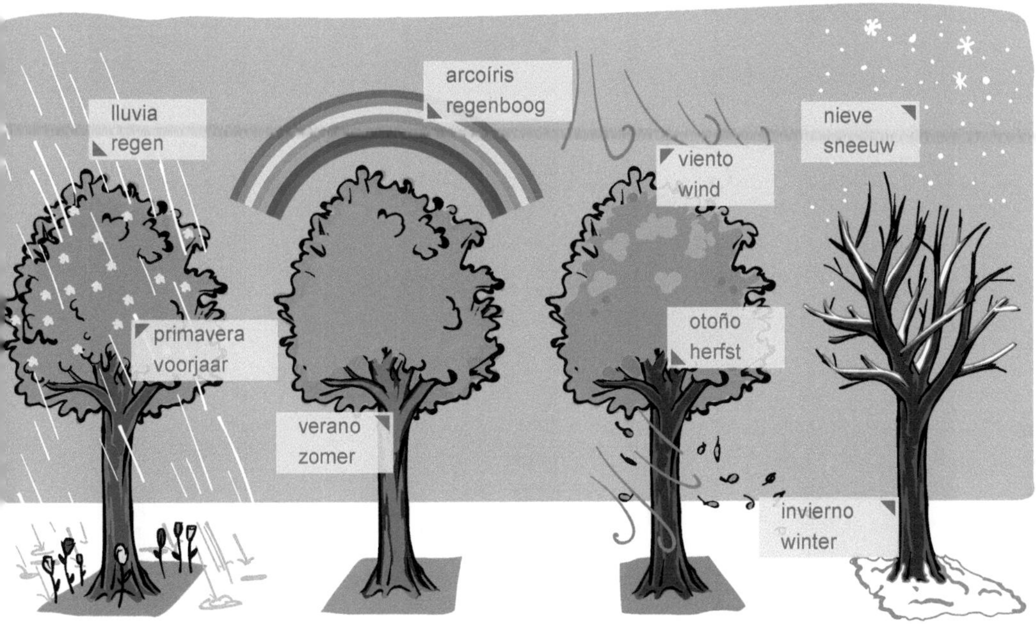

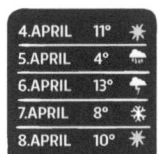

pronóstico del tiempo

weerbericht

F C
120 40
90 30
60 20
30 10
0 0
-30 -10
-20

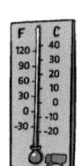

termómetro

thermometer

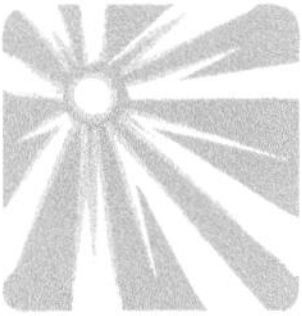

sol

zonneschijn

nube

wolk

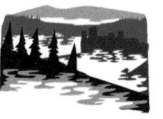

niebla

mist

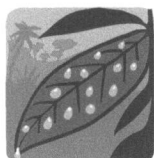

humedad

luchtvochtigheid

rayo
bliksem

trueno
donder

tormenta
storm

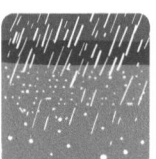

granizo
hagel

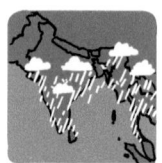

monzón
moesson

inundación
overstroming

hielo
ijs

enero
januari

febrero
februari

marzo
maart

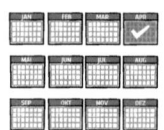

abril
april

mayo
mei

junio
juni

julio
juli

agosto
augustus

año - jaar

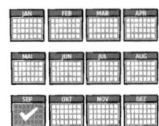

septiembre
....
september

octubre
....
oktober

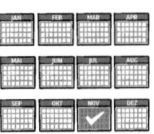

noviembre
....
november

diciembre
....
december

formas

vormen

círculo
....
cirkel

cuadrado
....
vierkant

rectángulo
....
rechthoek

triángulo
....
driehoek

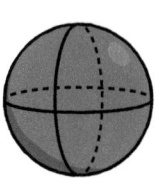

esfera
....
bol

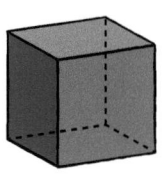

cubo
....
kubus

colores
kleuren

blanco

wit

amarillo

geel

anaranjado

oranje

rosa

roze

rojo

rood

morado

paars

azul

blauw

verde

groen

marrón

bruin

gris

grijs

negro

zwart

mucho / poco

veel / weinig

enojado / tranquilo

boos / rustig

bonito / feo

mooi / lelijk

principio / fin

begin / einde

grande / pequeño

groot / klein

claro / oscuro

licht / donker

hermano / hermana

broer / zus

limpio / sucio

schoon / vies

completo / incompleto

volledig / onvolledig

día / noche

dag/ nacht

muerto / vivo

dood / levend

ancho / estrecho

breed / smal

comestible / no comestible

eetbaar / oneetbaar

malo / amable

gemeen / aardig

entusiasmado / aburrido

opgewonden / verveeld

gordo / delgado

dik / dun

primero / último

eerste / laatste

amigo / enemigo

vriend / vijand

lleno / vacío

vol / leeg

duro / blando

hard / zacht

pesado / ligero

zwaar / licht

hambre / sed

honger / dorst

enfermo / sano

ziek / gezond

ilegal / legal

illegaal / legaal

inteligente / tonto

intelligent / dom

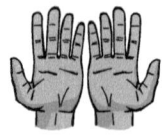

izquierda / derecha

links / rechts

cerca / lejos

dichtbij / ver

nuevo / usado

nieuw / gebruikt

nada / algo

niets / iets

viejo / joven

oud / jong

encendido / apagado

aan / uit

abierto / cerrado

open / gesloten

silencioso / ruidoso

zacht / luid

rico / pobre

rijk / arm

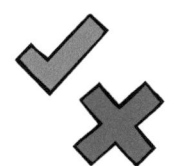

correcto / incorrecto

goed / fout

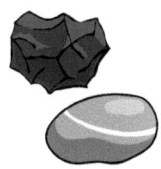

áspero / suave

ruw / glad

triste / contento

verdrietig / gelukkig

corto / largo

kort / lang

lento / rápido

langzaam / snel

húmedo / seco

nat / droog

cálido / frío

warm / koel

guerra / paz

oorlog / vrede

0	**1**	**2**
cero	uno	dos
nul	één	twee

3	**4**	**5**
tres	cuatro	cinco
drie	vier	vijf

6	**7**	**8**
seis	siete	ocho
zes	zeven	acht

9	**10**	**11**
nueve	diez	once
negen	tien	elf

12

doce

twaalf

13

trece

dertien

14

catorce

veertien

15

quince

vijftien

16

dieciséis

zestien

17

diecisiete

zeventien

18

dieciocho

achttien

19

diecinueve

negentien

20

veinte

twintig

100

cien

honderd

1.000

mil

duizend

1.000.000

millón

miljoen

inglés

Engels

inglés americano

Amerikaans Engels

chino mandarín

Chinees Mandarijn

hindi

Hindi

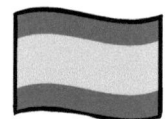

español

Spaans

francés

Frans

árabe

Arabisch

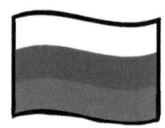

ruso

Russisch

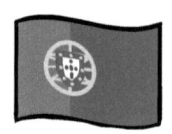

portugués

Portugees

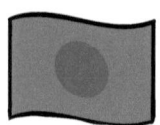

bengalí

Bengalees

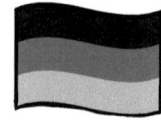

alemán

Duits

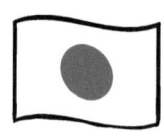

japonés

Japans

yo

ik

tú

jij

él / ella / ello

hij / zij / het

nosotros/as

wij

vosotros/as

jullie

ellos/as

zij

¿quién?

wie?

¿qué?

wat?

¿cómo?

hoe?

¿dónde?

waar?

¿cuándo?

wanneer?

nombre

naam

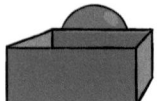

detrás

achter

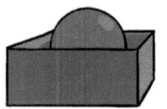

en

in

delante de

voor

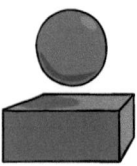

por encima de

boven

sobre

op

debajo de

onder

junto a

naast

entre

tussen

lugar

plaats